열쇠와 자물쇠

한승홍 3시집

문학공원 시선 182

열쇠와 자물쇠

한승홍 3시집

문학공원

序詩

갈대숲은 내게 외친다

내가 시의 세계를 알게 된 것은
해가 뉘엿이 기울어져 가던 어느 가을 바닷가에서였다
해는 내게 하루의 이야기를 들려주며 수평선에 잠겼다
이렇게 해서 탄생한 것이 나의 시상이었다

시 맛을 알게 된 것은 오랜 훗날 늦은 오후였다
꽃밭을 거닐던 어느 날
시란 숨 쉬고 있는 자연이라는 생각을 하게 되었다
그러나 시를 쓰기 시작한 것은 그보다 더 오래전
석양녘 지는 해를 보던 때보다 한참 더 오래전
겁 없는 나이 때였다
그런데 그건 시가 아니었다
밤 깊도록 수식한 낯간지러운 연애편지
사춘기 조금 넘은 시기
까까머리 머슴아 적에 긁적거려 본 연분홍 수줍음

나는 시를 쓴다고 하지만
어느 시인의 문하생이나 시풍에 속한 적도 없고
창작지도를 받으며 배운 적도 없다

시를 어떻게 써야 하는지 모르며 시라고 썼으니
어떤 것은 투박하고 넋두리 같기도 했다
저들은 이미 오래전에 재가 되었다

대학 시절 문학지에 갓 등단한 친구가 있었다
그가 내 작품을 두세 번 다듬어 준 적이 있다
하지만, 그 이상은 없었다

나는 내가 체험한 것을 내 필치로
때로는 스케치하듯 급하게 그려놓는 버릇이 있다
때로는 누드 크로키 하듯 우선 그려놓고
콩테나 수채화 물감으로 후에 덧입혀가기도 한다
그러나 이런 기행 같은 시작을 나도 알 수 없다
타인의 눈엔 음습한 어둠 속 유령같이 보일 수도…
시는 나의 삶의 실재를 표출하는 도구
체험과 환상의 경계 위에서
저 너머의 세계를 꿈꾸는 몽환적 실체
이런 복잡한 추상으로 엮으며
나는 지금까지도 그것을 시라고 발표하곤 했다
언젠가 내가 말했듯이
나는 시를 쓰며 형식을 이탈하는 버릇이 있다
초현실주의인지 비주류 이기주의인지 알 순 없지만
어쨌든 나는 형식을 파괴하는
아방가르드 기질이 농후한 기인인 셈이다

나는 꾸밈없는 내 모습을 그대로 보여주려 한다
위선으로 포장되는 시작
나는 그런 행위를 시성에 대한 모독으로 여긴다
물론, 이런 나의 인식과 의식이
시의 문학성을 결정하는 척도라거나
시성을 판단하는 가늠자라고 생각하진 않는다

강은 흐름에 따라 계곡으로도 들녘으로도 흘러가며
알 수 없는 곳에 이르러 창해를 이루는데
갈대숲 사이로 잔잔히 흐르는 강은
외로운 풀숲의 단조로운 애상에 묻혀 흐를 뿐이다
갈대숲은 내게 외친다
잔잔히 흐르며 이어져가는 연가를 들어보라고
내게 시상으로 얼룩져 나를 적시고 있는…
오늘, 나는 그 가락들을 내 가슴에 그렁하게 채웠다

2020년 가을

한 승 홍

차 례

1부
돌아올 수 없는 강

2부
석별의 호수에 빛이 잠기고

차 례

3부
한 송이 하얀 수선화

4부
벌이 날갯짓하며 내 영혼을 깨운다

차 례

5부
못 부친 편지

1부

돌아올 수 없는 강

나를 위한 환상곡

우주를 품은 빛
처음과 마지막을 이으며
염념생멸(念念生滅)을 계시한다
비 그친 서녘에
옅게 낀 운무에 빨려들며
나는 그 빛의 진리에 취한다
그 세계를 거닐며
나는 나를 찾아간다

이런 기행을 보며
돈키호테 보듯 하는
그런 이들도 있으리라
분명히 있으리라
저들 눈엔 광기로 보일 테지
그런데, 내가 없는 우주가 존재하랴
무지개는 환상의 빛으로
내가 되어간다

바람이 불어온다

바람이 불어온다
봄내음 가득 안고
바다 건너 저 먼 곳
남녘에서 달려온다

바람이 불어온다
꽃 연정 고이 품고
밤에도 쉼 없이 달려와
봄꽃 색향(色香)을 내게 안긴다

첫사랑 수줍어
살며시 내 몸에 숨어버린 너
꽃샘추위 시새움도
네 걸음을 멈출 순 없었구나

빛
- 현상의 유희

아침 햇빛엔 눈이 부신다
해는 오르며 하루를 달린다
햇빛이 쏟아지는 곳마다
무언가 새로움이 다가온다
새로움에 대한 호기심은
설렘과 두려움을 이어가며
푸른 희망을 잉태한다
미래를 여는 진통을 겪으며

해가 중천을 지날 즈음엔
보이는 모든 게 그저 그렇고
시간의 흐름에 얹혀가며
희망도 욕망도 꼬릴 감춘다
한낮의 햇살은 내 몸을 달궈도
꺼져버린 이상의 불씨는 못 지펴
나는 짜이는 과정에 노예가 되어
바쁘게 달리다 석양을 맞는다

빛과 열기를 온종일 뿜어내며
쉼 없이 달려온 해도, 이젠
피안의 세계로 뉘엿이 넘어가며
내 몸에 마지막 빛을 쏟아붓는다

석양은 서녘을 곱게 물들이며
석별의 정을 노을로 표현한다
어둠이 오기 전 살며시 떠나는 너
오늘 밤은 등불로 어둠을 밝히련다

운명

뛰놀 수 없으니
생각이 많아진다
덤으로 생긴 시간은
자연을 닮아가며
바람 따라
구름 따라
쉼 없이 흘러간다

내게 덮쳐오는 침묵
나는,
비둘기도 되고
독수리도 되어
영혼의 고향을 찾아가는데
닿을 듯 보이는 하늘이
내겐 왜 이리도 높은가

멋

산은 멀리서 봐야 멋있고
강은 계곡 사이로 흘러갈 때 멋있고
바다는 파도타기 할 때 멋있고
하늘은 무한천공 깊이에 빠져볼 때 멋있고
사람은 본성이 맑아야 멋이 있는데
이젠 그 맑은 샘을 어디서 찾을 수 있으랴

길

한 걸음씩 뗄 때마다 넝쿨에 걸리고 늪에 빠지면서도 가다 보니 울창한 숲과 넝쿨로 덮였던 처녀림에 길이 트이고 뒷사람 이어와 발길 남기니 에움길도 되고 오솔길도 되었다 나, 이 먼 곳까지 왔지만 이젠 온 길도 찾을 수 없어 다시 돌아갈 수 없게 되었다

맞닥뜨린 새 땅은 황야 모래밭, 푸른 초원을 기대하진 않았지만, 흙먼지 일으키며 몰아치는 돌바람이 을씨년스럽다 잰걸음 옮기며 벗어나 맞은 건 바위산이구나 절벽 개울 건너 가시밭 헤쳐가노라니 뱀에 물리고 곤충에 쏘인 몸, 가시에 찔린 상처엔 피고름이 맺혀간다

누군가도 숲을 치며 이리로 오고 있는데, 이 우연이 운명이었나 숙명이었나 길을 잃지 말자며 서로 손을 꼭 잡고 세월의 강을 함께 건너다 길동무 되어 숲과 초원 계곡과 산등성을 넘으며 밤마다 별을 세다 잠들곤 했다

어느새 새끼 셋이나 생겨 이끌며 밀림을 헤쳐가다 보니 가끔은 힘에 부치고 피곤하여 한 발짝 내딛곤 쉬다 가곤 했는데 이젠 자연도 이 몸보다 작아 보인다 갈 길은 멀고 눈앞엔 길이 없어 하루씩 이어가며 날을 맞다 보니 길동무는 기력이 쇠하여 눈감고 깨나지 못해

땅에 묻고 그 위에 동서남북으로 돌 네 개 얹어놓고 어미 잃은 새끼들과 발걸음을 떼는데 이젠 내 몸도 어제 몸이 아니다 얼마나 더 가야 할지, 오늘도 쉬엄쉬엄 길을 내며 새날 맞을 준빌 하는데, 이게 내 삶에 주어진 운명이었나 이젠 지친 몸, 독수리 등에라도 타고 가고 싶구나

돌아올 수 없는 강

서산마루 너머로 해가 지고
강 물결에 어둠이 나리는 데
구슬픈 노랫가락 내 가슴을 적시며
적막한 허공을 가르누나

너와 나를 갈라놓은 이 강은
어둠에 반짝이며 잔잔히 흘러가고
헤어짐의 아픔은 이 밤,
애수의 늪을 채워간다

첫 만남의 그날은
돌아올 수 없는 강에 흘러갔건만
목메어 부르던 네 숨결은
아직도 내 심장을 찢으며 흐느끼누나

신이여, 이 기도만이라도 들어주소서

80년이 되어오도록 목발 쥔 손은 내 발이었다 손바닥이 짓물러 물집에 고름이 껴 광목 조각으로 싸매고 또 싸매도 찢어진 손, 그 아픔은 멈출 날이 없었다 참으며 가려 해도 밀려오는 고통, 입술을 깨물며 신음을 내지 않으려니 눈물도 내 맘 헤아린 듯 속으로 흐른다

어머니는 내 손 잡으며 몸을 떨곤 하셨다 밤마다 피범벅 된 광목 조각 떼어내고 짓이겨진 손바닥 살갗 벗겨낸 다음 아까징끼[1]로 닦아내고 새 광목으로 감아주셨다 피는 이슬져 손등에 떨어졌다 하지만 이보다 더 아픈 건 어머니의 눈물을 보는 것이었다

이 세상 떠날 때까지도 내 손에선 이 고통이 멈추지 않을 텐데 이젠 눈물마저 흐르지 않는구나 내게 나린 이 잔인한 예정도 믿어야 하나 다음 세상에선 굳은살 박이도록 손을 혹사하지 않았으면… 신이여, 이 기도만이라도 들어주소서!

---

1) 1950년대의 가정 비상약. 머큐로크롬인데 그 당시에는 아까징끼, 빨간약으로 불렸다. 거즈를 구하기 힘들어 아까징끼를 바르고 광목이나 옥양목으로 싸맸었다.

비의 현상

- 성애와 성수

봄에는 생명수가 쏟아진다
개울가 갈대숲을 덮으며
풀숲 사이로 흐르는 비
꽃봉오리 틔우려 하늘이 흘리는
성애(性愛)아니련가

세파에 묻혀가던 내 영혼은
안개비에 휩싸인다
외경심이 엄습하며
나는 성스러움에 젖어간다
성수(聖水)를 채우려 나를 비우며

무지개

어릴 땐 꿈이 많았다
무지개를 따러 가는
그땐 하늘만 보며 달렸다
내 안의 무지개를 보지 못한 채

인생 고비 몇 번 넘고선
모든 게 헛되지만
고비마다 무지개가 있다는 걸
뒤늦게 알게 되었다

오늘은
비안개 뿌려진 저 하늘
거기로
쌍무지개 따러 가리라

네 뿌리는 어디냐

날이 끄무레하다

떠돌다 머무는 곳마다
내가 태어난 곳은 아니지만
시골 향취로 내 살에 섞여
별꽃 되어 쏟아지곤 했었다
뿌리에 대한 본능이었을까

뿌리에는 숙성된 냄새가 서려있다
황토방 붉은 흙벽, 토방 아래 흙 마당
옥수수, 고구마, 온갖 푸성귀와
먹거리 담겼던 터진 소쿠리
흙을 씹으며 여름을 가졌던 것
떠나가는 구름에서도
샛길 잡목 숲에서도
개울 속 조약돌에서도
앞마당 누렁이에서도
싸리울 해당화, 채송화에서도
옛 동무들 그리움에서도

그곳의 흙에선 땀에 밴 살 내음이 났었다
그런데, 지금

그 내음은 애잔하게 스며온다
흙은 내게 말을 건다
"네 뿌리는 어디냐?"

각각의 손, 하나의 손

엄마 손은 약손
배앓이 땐 어루만져 아픔 멈춰져
아빠 손은 요술 손
주머니서 손 빼면 사탕 한 움큼
형 손은 꿀밤 손
내 머리에 꿀밤도 형이 만든 것
누나 손은 빗 손
머리 쓰다듬어주는 예린 빗
동생 손은 빈손
뭔가 쥐여 줘야 손을 감춘다
내 손은 다섯 갈래 모인 뜨락
모든 손을 쥐고 있는 하나의 손

의식과 도구

감성에 담긴 것을
의식을 통해 번역하면
번역된 감성에선
삼라만상이 인식된다

그런데

인식이란 뇌의 도구며
이 도구의 다듬질에서
나는 나를 만들어간다
그게 나인진 모르지만

그림자 · 1

나는 네가 가는 곳을 알고 있다
너는 저녁놀 해를 붙잡으러
해변 끝까지 달려갔지
그런데 거기에 남겨진 건
파도에 쓸려가는 발자국뿐
아무리 달려도 수평선으로 잠기는
석양의 빛을 잡아둘 순 없었구나

밤이슬이 짙은 안개를 몰고 온다
촉촉이 적셔지고 있는 네 마음은
내일을 기다리며 어둠에 잠기니
이젠 아무도 너를 볼 수 없구나
빛 걸음에 맞추며 온종일 달렸으니
꿈길에서 만이라도 빛이 되렴
빛이 네 뒤에 붙어 다니는 꿈

그림자 · 2

길게 늘어진 그림자
물체가 그림자를 만든다지만
그림자
그게 물체의 실체가 아닐까
마음의 그림자
그게 마음의 세계려나
그림자는 세상을 속이지 않는다
진리보다 정직한 게 그림자니까

영화 감상

동작을 엮어 의미화하며
그 한계성을 분석하려는
나의 이러한 행태가
영화 예술가의 눈에선
영화의 예술성을 평면화하는
아마추어리즘으로 비추어질 테지

입체와 차원
동작과 표현
각본과 의식
이런 종합된 영화예술
영화만의 미학에서
나는 외계인이었다

2부

석별의 호수에 빛이 잠기고

전설

너와 나
서로의 가슴속에선 서로가 이글거렸고
서로의 마음속에선 서로가 꿈틀거렸다
우리에겐 시간도 공간도 장벽이 되지 않았지

우린 같은 햇빛을 받으며 노래했고
강바람 바다 냄새 함께 맡으며 내일을 열었지
우리의 젊음에 풋풋함을 채워가며
먼 하늘 아래서 우린 서로의 분신이 되었지

꽃 빛 추억

봄이 오면
꽃향기 싱그런 라일락
예쁜 바구니에 고이 담아
그대를 찾아가리라

봄이 가면
꽃이 져 맘마저 쓸쓸하지만
그대와 함께했던 시간에 잠겨
꽃 빛 추억을 노래하리라

여름도 가고
갈바람 휘몰아치면
고운 낙엽에 내 마음 차곡히 적어
그대에게 들려주리라

겨울밤 길고 차가워도
눈길 걸으며 속삭이던 우리에겐
눈밭에 외투를 벗어 던질 정도로
몸은 뜨겁고 심장은 몹시 뛰었지

심경

이러면 이것
저러면 저것
어차피 내가 지고 갈 짐
신이 아니고서야
누가 이 짐을 벗겨주리오
그게 나 자신인데

들숨과 날숨
대신할 게 무엇이뇨
내게 주어진 나
심경(心鏡)으로
나 자신을 볼 수 있다면
짐도 복이라는 걸 알련만

언어

언어에 묻혀있는 것은
질료인가 형상인가
언어에 잠재되어있는 것은
본질인가 현상인가
질료와 형상
본질과 현상
언어는 무엇인가

언어는 너와 나의 집이다
언어에 묻혀있는 것은
하늘과 땅, 그리고 시간이며
언어에 잠재되어있는 것은
삶의 세계다
언어를 지배할 수 있는 자만이
세계를 품을 수 있다

미의 찬미

당신이 내 삶이 되었다는 건 축복입니다
당신이 내 운명이 되었다는 건 행운입니다
어릴 적엔 밤하늘의 별이 아름다웠고
사춘기 땐 여자 몸이 조각처럼 예뻤으며
좀 커서는 꽃이 매력 있었습니다
오랜 세월 지나고 나선
햇빛 찬란한 게 위대했습니다
시를 쓰면서 자연이 친구가 되었습니다
그런데 지금은 당신이 이 모든 것입니다

애모

천일을 하루씩 채워가며 그대 생각에 감치었노라 꽃 구름 흘러가는 하늘 보며 애모(哀慕)의 한에 목이 [illegible]곤 했노라 석별의 아픔일랑 바람에 묻혀가기도 하련만 싱그러운 솔바람은 꽃잎만 스치곤 지나가누나

청순한 몸 여미며 단아한 모습으로 내게 와 안기던 그대, 이젠 그리움을 꽃송이에 숨겨 아카시아 두덩에 누워있는 내게 젖과 꿀을 흘려주니 천일의 천일도 내겐 하루 일 뿐이어라

은방울꽃

은방울꽃 수줍어 숙인 송이엔
깊은 추억이 이슬 맺혀 영롱이고
한 서린 석별의 아려옴에
살며시 임의 이름 불러본다

심안은 꽃의 심곡도 헤아리려나
은하수 별빛에 띄워 보낸 염서(艶書)를
숭고한 맘에 흐르는 그리움은
내심 꽃잎을 꽃이슬로 적신다

이원(尼院)에 바람이 스칠 때마다
속살 뽀얀 젖가슴은 잔잔하게 물결치고
홍루(紅淚)에 젖은 눈엔 임의 얼굴 비끼니
음전한 몸가짐이 갈수록 애처롭다

연서

갈대숲 사이로 흐르는 강에
세월의 한도 전했건만
물결은 무심히 흘러간다
꽃송이엔 눈물이 고여가고
꽃잎은 바람에 흐느끼는데
이 무슨 연고인고
이별의 설음 때문인가
오랜 기다림 때문인가
누가 그 맘을 알 수 있으랴
벌은 알 수 있으려나
그런데 벌은 보이지 않네
오늘도 다솜한 맘 고이 접어
강물에 연서 띄웠건만
돌아오지 않는 강엔
철새도 떠나고 어둠이 나린다

숨어버린 시간

물상은 시간에 머물지 않지만
그대와 맺은 시간은
봄 여름 가을 겨울
철철이 이어져
어느 한순간도
나를 떠난 적 없는
잊히지 않는 순간이라오

그대가 숨어버린 시간
애모의 한에 가슴 메어
밤하늘 저 별 보며 흐노니
이젠 내 품에
꽃향기 풀내음도 채워주고
낙엽의 부서지는 아픔도 안겨주며
추억을 한 겹씩 펼쳐
어제가 지금이 되어
그대를 맞게 해주오

비

밤새껏 쏟아진 비에
개울 물살은 거칠게 흘러간다
가물거리며 아주 멀리서
보이지도 않고
실체마저도 없는 내일로

이제는
내일을 맞아들이지 않으려는데
내 가슴은 벌써
꽃샘추위 몰고 오며 봄바람 살랑이는
봄맞이로 마음이 설렌다

개울가 둔덕엔 어느새
하얀 수선화 꽃망울 틔었다
지난밤에 대지에 쏟아 부은 건
비가 아니었다
내일이 궁금하다

열쇠와 자물쇠

밖에선 안이 궁금하다
안에선 구름 뚫고 쏟아지는
햇살이 그립다
안을 구경하려고 들어가니
빗장이 내려있다
걷어 올리고 들어가니
그 안 넘어 그 너머에는
뜨거운 온천수가 넘쳐흐르는
비경이 펼쳐진다
열고 열리고,
빛과 어둠의 조화 속에서
서로는 천생연분
너와 나로 한 몸이 되니
이렇게 세상은 조화 속에서
하나 되어가고 있다
하늘과 땅이 그렇고
땅과 바다가
산과 강이 그렇게
생명을 틔우며
만물이 되고
물상으로 존재한다
열쇠와 자물쇠, 그 안에서

나도 태어났으니
이건 창조다

수수께끼

꽃은 펴갈 때 아름답지만
질 때는 추하다
하지만,
내 꽃은
펴갈 땐 아름다웠고
져갈 땐 우아했으니
이건 수수께끼 아니런가
반백년이 지나도록
나는
그 문제를 풀지 못했다

석별의 호수에 빛이 잠기고

우리는 아침을 노래하며 찬란한 빛의 유희에 희망을 띄우곤 했었지 시간도 잊고 영원에 입 맞추며 내일을 개척해갔었지 그러던 지금 석별의 호수에 빛이 잠기고 새별 하나 이 밤을 외로이 내 맘에 여울지는 이 애절한 절규 눈물로도 잠재울 수 없구나! 너와 나, 첫 만남의 감치인 시간이 나를 깨우면 나는 새날을 잊으리라

애수

계절이 얼마나 바뀌어야 마른 눈으로 해달별을 볼 수 있으려나 파도는 언제까지 바위에 몸을 던져 물거품으로 사라져야 천지를 울리는 곡성을 멈추려나

주름이 깊이 파이고 빛을 잃어가고 있지만, 아직 내 눈은 이슬비에 눈물짓고 아직 내 귀는 바람의 흐느낌도 철철이 변하는 계절의 시린 아픔도 들을 수 있는데 그대의 침묵은 언제 내 귀를 낭랑이려나

찰나의 한 세상

빛의 프리즘이
남포등 그을음으로 덮여
어둠에 묻혀 사라지면
세상은 하나로 되어간다
이 세상 어느 누가
어둠을 넘길 수 있으랴
찰나의 한세상
빛 속을 거닐다
때 되면 어둠에 묻힐 텐데

의식의 오염

살며 남기는 것은 두 가지
하나는 사랑이고
다른 하나는 쓰레기
사랑은 삶을 오늘의 자아로 만들어가며
그래서 생명의 약동으로 작용하고
쓰레기는 피투(被投)된 오물로 환경을 더럽힌다
하지만, 쓰레기 중의 쓰레기가 무서운데
그것은 병든 의식의 찌꺼기로서
세상을 마비시키기도 한다
이 쓰레기는 내 몸뚱이뿐만 아니라
내 이웃들
더 나아가 우리의 삶을 오염시키고
의식을 갉아먹는 바이러스로 진화하여
너와 나, 우리를 차례로 고사시켜가며
세상을 종말로 이끌어간다
이 쓰레기는 방사능 찌꺼기보다 더 무서운 데
아직도 그것이 얼마나 무서운지
얼마나 위험한지 알지 못하고
매일 뎁바람에 이리저리 몰려가는 쓰레기
나와는 상관없다는 듯 방관하는 사람들
조종이 울릴 땐 관을 준비할 시간도 없으리라
언제 그 종이 울리려나

그 시간이 도둑처럼 밤에 올 수도
이젠, 중공도 폐기한 쓰레기 찌꺼기들,
국가를 초토화한 남미 쓰레기마저 쓸려오니
이를 어찌할꼬!

3부

한 송이 하얀 수선화

이팝나무

5월의 꽃
이팝나무도 있다네
나무에 흰쌀밥 그득 담아
길손 허기 달래주려
마음껏 먹게 하누나
옛날 히브리인은
믿음의 밥, 만나
유랑민의 먹거리로
배를 채웠다는데
배달민족에겐
소망의 밥, 이팝
보릿고개 먹거리로
배를 채웠으리라
아리랑 재에 눈물 뿌리며
보릿고개 넘으면
여름은 풍성한 푸성귀,
광주리 가득 먹거리
먹음직한 과일도 주렁주렁
이렇게 자연은 밥이이라

포도 넝쿨 아래서

포도 익어가는 계절이면
나는 네 품에 안겨
한 짬의 여유 롬
낮잠에 취하곤 했는데
그 달콤했던 시간도
이젠 꿈만 같구나

애정이 꽃피던 곳도
암향 그윽한 네 몸 내음도
하늘 높이 날아오르며
청춘을 노래하던 시절도
아련한 추억에 묻혀
빛바랜 사진이 되어간다

우울한 하루

오늘은 왜 이리도
마음이 아리나
기쁜 날이어야 하는데
비를 머금은 회색빛 구름
하늘도 오늘은 우울하구나
혼자 떠나던 그대 모습
오늘이 결혼기념일인데

한 송이 하얀 수선화

언제나 잊고 싶지 않은 사람
눈동자도 입술도 가슴도 마음의 향기도…
눈을 감았을 땐 빛의 찬란함으로
눈을 떴을 땐 하얀 수선화 한 송이로
사진 속 그녀는 미소만 짓고 있다
나는 그림자가 되어 그 뒤를 따른다

아주 오래전, 내가 그녀 귀에 속삭이다
입술을 살짝 훔쳤을 때
그녀의 눈에서 흐르던 촉촉한 눈빛,
그 영롱한 눈물을 내 어찌 잊으랴
호수처럼 맑은 눈에 빨려들던
그 순간부터 그녀는 내 삶이었다

아름다운 시간은 빨리 지나가
알 수 없는 한 점에 묻혀버렸고
지금은 그녀마저 곁에 없는데
어찌 그 시간이 다시 오리오
하나, 나는 아직 그날에 머물며
그녀의 그윽한 눈에 잠겨 들고 있다

모정의 밤

은하수 건너편 그대여
우린, 언제까지 멀리 떨어져
애절한 맘 달래가며
모정(慕情)의 밤을 보내야 하나요

외로이 반짝이는 그대여
멀잖아, 칠석 밤 오작교 놓이면
나, 그대에게 굳게 맹세하리라
그 밤이 가지 못하게 매두겠노라고

여름밤, 우리의 짧은 만남
그리곤 언제나 오래 헤어질 슬픔에
석별의 눈물 삼키며 보내곤 했건만
이젠 내 살에 그대 섞겠노라고

믿음

보지 않고 믿는 것은 신앙이고
보고 믿는 것은 신기루다
그런데
이 둘은 무슨 상관이 있으려나
죽은 자만 그 답을 알 수 있다네

숨

들숨엔 생명이 채워지고
날숨엔 생명이 빠져나간다
생주이멸(生住異滅), 삶의 약동
거기에서 나는 숨을 본다

오래전부터 궁금한 것
창조주는 생명체가 아닌데
말도 하고 숨도 쉰다는 것[2)]
그게 나의 생명이라니

---

2) 창세기 2장 7절에 “the LORD God formed the man from the dust of the ground and breathed into his nostrils the breath of life, and the man became a living being.”이라는 구절이 있음.

젖어가는 잎새 사이에서

비가 내린다
대지를 적시며 비가 내린다
마른장마 걱정에
농부들 맘 태우던
이 여름 복더위가
한숨과 눈물 되어
들판을 적시며
초목을 적시며
동구 밖 연못을 채우며
세차게 쏟아진다

내 마음에도
때로는 부드럽고 잔잔하게
때로는 내 가슴 쪼갤 듯이
어제도 오늘도
살 에이는 애절함이
눈물 되어 쏟아진다
나는 창밖을 바라보며
젖어가는 잎새 사이에서
눈물 흘리고 있는 너를 본다
꿈속에서라면 이별도 없었으련만

소녀의 초상화

까까머리 덮은 모자
단추 5개와 명찰
이 새까만 교복 속에
수줍어 맘 숨기고

짧은 단발머리
흰 깃에 덮인 교복
그 속에서 채워져 간
소녀의 초상화

박하사탕 같기도 하고
수선화 같기도 하고
자수정 같기도 하다고
그렇게 세월은 속삭였지

이젠
갈대밭 사이로 흐르는 강물처럼
세월에 얹혀 소리 없이 흘러가는
옛 마을 새김꺼리

박애로운 순간마다
수더분해지고

자드락길 꽃보라 흩날리던
아스라한 옛날은 언제였나

소소리바람에 흙먼지 일던
오래전 그날
잊고 있었던 시간이
추억으로 애초롬하구나

꼬리 잘린 공상

사람 '人' 자를 칠판에 써놓고
'사람 둘이 머리를 맞대고 의지하고 있는 것'
이 말을 시작으로 인간론 대중 강연이 열렸다
강사의 입에선 침이 툭툭 튀었고
입술 가로는 허연 거품이 끼었다
나는 두 사람의 관계라면 사회 '인'이라고 해야지
아니면 사랑 '인'이라고 하든가
그런데 남자 둘만 있다면 싸움박질하기에 십상이니
머리를 맞붙이고 있다면
그 관계로 보아 떨어질 수 없는 사이
그렇다면 '인' 자는 부부 '인' 혹은…
아직 머리를 맞대고 잘 정도가 아니면
남녀 '인'이라고 하는 게 옳지 않겠냐는 생각
'子'자 성현의 가르침을 떠올리니
남녀 '인'은 좀 야하기도 하고,
그렇다면… 아니면… 어쨌든…

박수 소리에 내 공상은 꼬리를 잘렸다
"오늘 강연 어땠어요?"
"좋았습니다."
입에 침이라도 바르고 말하지
들은 게 '인' 자 쓰면서 풀이 시작한 1분

공상에 빠져 자리만 채웠는데
차가 기다린다며 서둘러 강연장을 빠져나왔다

너와 나

인간
사람과 사람
그 사이의 외나무다리
너와 내가 만나고 스쳐 가지만
하나 같은 둘의 실체
'우리'란 믿음의 공간

나는 시간을 초월해 너와 만나고
너는 공간을 초월해 나와 만나니
'우리'란 소망의 나래짓

심장의 박동
거기서 꿈틀대는 삶
잠재된 본능
그것이 무엇인지
시인은 영혼의 노래로
화가는 빛깔의 숨결로
그러나 삶이 참일 수 있는 것
성경에선 그걸 사랑이라 하던 만[3]

---

3) 고린도전서 13장 13절.

문예의 파장

음악은 영혼을 간지럽히고
문학은 심장을 흐느끼오며
미술은 빛의 물결을 몸에 담는다
나에겐
초월의 지평이 다가오고 있다
그리고 내게 외친다
사는 것 이상의 문예는 위선이라고
위선이라고…

엄마의 편지

아가야! 요즘 너무 외로우니 외로울 땐 언제나 내게 와 안겨 너를 포근히 안아주며 말벗이 되어 주곤 하지 않았니 네가 숨쉬기 힘들고 병들 때도 내게 와 생명수를 마시렴 네가 갈 길을 잃고 방황할 때도 나를 밟고 갈 수 있도록 길을 만들어 주리니 두려워 말고 네 길을 가거라

계절 바뀔 때마다 너는 시도 쓰고 그림도 그리고 노래도 하고 때론 연애도 하며 우수에 젖기도 하누나 이런 게 바로 너다운 거야 추워서 불을 만들고 달구지를 만들고 쇠붙이를 다루고 참으로 대견스럽구나

나는 바람에 살랑이며 몸속 음지에서까지 해와 애정을 이어가는데 아무도 우리를 막을 순 없어 창조주가 짝 지워준 것이니 이렇게 해서 네가 생겨났고 네 후손도 대를 이어 태어나는 거야

햇빛은 내 몸에 황금 옷을 입히고 머리에 황금관을 씌우며 웃음 짓고 나는 바람에 노래를 띄우며 춤을 추기도 하지 구름 흘러가는 곳으로 희망을 얹혀 보내기도 하고 비 개면 무지개도 반겨 맞으며

아가야, 너는 내 젖 빨며 지금도 커가지만 언젠가는 다시 내 자궁에 들어오게 되는데 거기가 너의 본향이란다 네가 영원히 쉴 곳, 엄마

사계의 수레바퀴

그 겨울밤 우리는 눈길을 걸었다
그런데 눈보라에 시간의 침묵은 볼 수 없었다
시간이 얼마나 지났을까
봄 햇살 짙게 비낀 연(緣)의 수레엔
우리의 소꿉놀이 세간도 얹혀 있었다
청실홍실 엮어왔던 우주를 품고
낮과 밤을 나누고 이어가며
수레는 시간을 타고 재를 넘는다

시간의 자락에서 새날이 트이고
천생의 연이 연으로 이어진다
개울가 꼬불진 솔밭길엔
깊게 팬 수레바퀴 자국 두 줄
화석으로 굳어진 건 연정의 흔적이었다
여름은 폭풍우에 자취를 감췄고
서리 가을도 구름 속으로 사라진 후
겨울이 수레에 얹혀 돌아왔다

눈 내리는 겨울밤 긴긴 눈길도
이젠 동화 마을 전설에서
언젠가 본 듯, 꿈인 듯 아련인다
이 겨울이 가면

나는 수레에 실려 올 꽃 소식에
가슴을 열고 기다리리라
지난여름 한서에 이울진 흰 백합화
외로운 밤 꿈길에선 만날 수 있으려나

시의 과정

체험한 것을
의식을 통해 번역하고
번역한 것을
개념을 통해 표상하고
표상한 것을
해석을 통해 표현하면
표현된 것은
나에게 시로 대답한다

들꽃

나, 들꽃 한 포기
가을 서리 내리기 전
고향산천 가고파도
바람은 모라지어
흙먼지만 날린다

아서라, 바람아
고향 저곳으로
나를 데려다주렴
오늘은 홀어머니
눈물겹게 그립구나

눈 내릴 즈음엔
나, 여기 묻힐 텐데
어머니 못 잊어
눈감을 수 있으려나
새야, 너는 누구냐

애석한 맘에 흐르는 눈물

아직도 해는 서산에 걸치지 않았는데
어머님의 기도와 눈물이 오늘 아침까지도
그대 몸 아픈 곳을 감싸주었는데
홀어머니 남겨두고 떠나며 말이 없구나

고통의 나날도 감사하며
소망의 새날을 맞곤 했건만
이제 그 밝은 모습은 어디서 볼 수 있으랴
이제 그 따뜻한 마음은 어디서 느낄 수 있으랴

선후배에겐 언제나 다정한 벗이었고
몸이 불편한 스승에겐 손발이 되곤 했는데
그렇게 지내던 날이 엊그제 같건만
이제 영결의 시간이라니

이 애석한 맘에 흐르는 눈물
나를 아리누나
오랜 투병 생활로 거동조차 힘들 때도
경조사 때마다 도와주던 그 모습

이제 주님의 곁으로 갔으니
아픔을 벗은 몸, 천국에서 영생하오

머잖아 나도 가야 할 곳,
그때 거기서 우리의 만남도 이어지리라

밤이슬

바람은 어슬녘 초원을 가르고
강 물결엔 어둠이 잠겨온다
흐름은 내일을 채워간다

꽃송이엔 이슬이 고여 가고
꽃잎은 바람에 흐느끼오니
이 무슨 연고이뇨

헤어짐의 아픔 때문인가
쓸쓸한 공허감 때문인가
밤이슬엔 마음도 젖어올 텐데

가을의 슬픈 여운

생명 던진 고운 빛 낙엽
밟히며 부서지는 애처로움엔
가을의 슬픈 여운이 일고
애수 어린 맘에선 바람이 울고 있다

가을빛에 잠든 낙엽 밟으며
숲속으로 사라지는 숱한 연인들
흙에 이겨져 사각거림을
염곡(艶曲)의 속삭임으로 간직하려나

저들의 싱그런 풋풋함도
언젠간 낙엽의 비애가 드리워질 텐데
그날엔 어느 누가
이 가을을 벗어날 수 있으랴

그리고 그 후에 남겨지는 건
황량한 바람에 흩날리는 낙엽
그리고 괴괴한 무덤, 그뿐이리니
이곳에 까마귀나 찾아오려나

공空

시간은 공간을 창조하고
공간은 시간을 채우지만
삼라의 만상은 뭣이런가

채우고 쌓아도 허상인데
어디서 있음을 만나려나
있음의 없음이 있음인데

만유가 이렇듯 없음이니
거기서 무엇을 구하려나
있음의 있음도 없음이니

4부

벌이 날갯짓하며
내 영혼을 깨운다

낙엽 엽서

겨울이 가고
봄도 꽃향기만 남기고 떠나가니
낙화유수 가락에선
슬픈 전설이 배어나누나

여름을 청계수에 띄우고
비애는 가슴에 묻으려 했건만
시간은 세월을 거슬러
영롱한 빛으로 내게 다가온다

엽서, 낙엽 한 잎을
가을녘 냇물에 띄웠다
삭풍이 몰아쳐도 아니 찾겠노라고
오래전에 나는 너를 잊었노라고

생명

파랗다 못해 검푸른
하얗게 피어오르다
밀려와선 퍼져가는
그건 하늘이고
그건 바다인데
하지만, 솔직히
정말 솔직히 말하면
그건 나 자신이라네

쿠라질

쿠라 쿠라 사쿠라 두 겹 세 겹 사쿠라 민초(民礎)[4] 배신하며 집안 가득 배춧잎 세상은 다 알건만 혼자는 청빈한 척 들고 날 때 가리잖고 꽃 피워 쿠라질 돌쇠야 버들 사이 똥짤막한 이놈 인제 도끼로 찍어 여물 끓일 아궁이에 던져 버리렴

요즘도 여의도엔 사쿠라 천지라니 젖줄 살리려면 찍어내야 하는데 제철 아니어도 인두겁 쓰고 쿠라질 하는 놈들 그 속내를 세상은 꿰뚫고 알건만 저들만 시침 떼고 안 받아먹은 척 받았으니 주고 주었으니 받고 이래 좋고 저래 좋고 누이 좋고 매부 좋고 저들에겐 정조보다 귀한 게 너풀대는 배춧잎이라니 을사오적보다 더한 매국노들

"선생님, 사쿠라가 뭐예요?"
"음…, 그것은…"
"선생님, 돈 먹고 선거판 역적질하는 놈이래요."
"애야, 그런 나쁜 말 하면 안 돼!"
"아니에요, 우리 아빠가 그랬어요."
"자, 이제 그만하고, 공부하자!"

---

4) 민초(民礎) : 민주주의의 초석, 백성의 삶터, 민족의 기초

오솔길 낙엽 향기

여름이 가고
쓸쓸한 갈바람이 내 가슴을 아린다
저녁노을 비끼어 어슴푸레한 방안,
너의 풋풋했던 모습이 내 눈에 어린다
마지막 잎에 너의 향기 고이 담아
차가운 바람 타고 내 가슴에 와 안기니
깊어가는 이 가을,
내일이면 눈에 덮일 테지만
너와 함께 엮어왔던 긴 세월
그 아름다웠던 시간의 향기를 내 어이 잊으랴
세상 어떤 향기가 이보다 그윽하며
어떤 인연이 이보다 살가우랴
먼 훗날,
나는 네 품에 안겨 안식하며
네 몸 향기에 영원히 취하고 싶구나

벌이 날갯짓하며 내 영혼을 깨운다

*

새벽녘 길 떠나 돋을 볕 맞는데
너른 꽃 정원엔 빛줄기가 쏟아진다

굽이진 꽃길 옮겨가는 곳마다
고혹적인 향기에 가슴이 뛰누나
거친 숨결엔 미의 찬가 섞이고
꽃밭 음악회가 자연을 깨운다
벌은 꽃 보며 노래를 부르고
꽃 냄은 바람 타고 재를 넘는다

1
혜초 풀숲에 가녀린 물망초
올입도 없거늘 목 빼 누굴 기다리나
꽃잎에 맺힌 이슬 애잔하기 그지없네
이젠 미련일랑 내박치고
잊어야 하거늘, 잊어야 하거늘

2
미소 머금은 설죽이 살갑게 나가와
내 맘을 홀리어, 보고 또 보는데
싹쓸바람 몰아치니 꽃보라만 날린다
철 가지도 않았거늘 꽃은 간데없구나

바람은 알려나, 구름은 알려나

3
선사(禪寺) 해 아래 신성한 연꽃
살짝 벌린 입속 신비론 향기
단아한 자태에 바람이 스친다
내 갈 길 멈추고 그윽함에 젖으니
입은 부처로되 눈은 욕계에 머문다
네 몸에 내 몸 담글 수만 있다면…
색욕계를 파계한 몸, 이젠 놔주렴

4
혁혁(赫赫)한 속맘 드러내 보이며
여름내 가신님 기다렸건만
불꽃 이는 가슴엔 아픔만 안겨
애수의 밤, 서리에 사라져간 백일홍
네 한숨이 내 맘에 메아리친다

5
순결한 백합화, 싱그러운 흰 젖살
꽃잎에 다가가 가향(佳香)에 취하여
한참 머물다 갈 때도 놓쳤네
바다 건너 떠나는 내 맘속엔
꽃이슬만 소리 없이 내리누나

6
장미 가시에 찔리곤 했건만
불타는 꽃잎에 마음 설레어
꽃줄기 가시마저 아름답구나
찔린 손에선 장미가 피어나네

7
애저녁 뒤안길 흙담 위에 핀 박꽃
외로움과 그리움 서린 쓸쓸한 자태
잠시 잠깐 머물다 가려 했건만
석별의 걸음을 차마 뗄 수 없구나
너 품고 은하수 건널 수만 있다면

8
제비꽃 수풀 진 호숫가 둘레길
수양버들 한 곁에 단아한 목련화
꽃잎엔 애련(哀戀)의 빗물이 고였네
아서라, 여름 가고 갈, 겨울도 지나면
나, 5월의 벌이 되어 너를 찾으리라

9
에리카, 황야의 바람도 잦아져
시냇물 소리만 적막을 깨는데
달콤한 꿀 향기 채워진 가슴엔
외로움이 드리워 너를 쉽게 하누나

슈타른베르크 호반에 노을 질 때
내 가슴에 꽂혔던 너,
지금도 네 살 내음이 나를 새록인다

10
라일락 꽃향기 5월에 흐르고
젊은 날 네 두덩서 꽃잎 따먹다
때론 봄노래 돌려 부르며
나는 늘어진 네 가지 그늘에서
내일을 꿈꾸다 잠들곤 했었지
나, 이제 떠나면 다시 올 수 없어
너는 꿈의 꽃으로 내 품에 필 텐데
내 맘은 왜 이리도 슬픈가

11
마거릿 꽃잎으론 점을 쳤다지
진실한 사랑 그리는 연인의 전설
세월 유수라지만 반세기도 어제려니
내 어이 네 향기 잊을 수 있으랴
너와 내겐 우리만의 꽃밭 비밀도 숨겨있거늘

12
경숙, 동백꽃 양지 언덕 자락에서
눈서리 참아가며 일편단심 날 기다려
오늘에야 만나니 살며시 속맘 여네

나, 불꽃인 네 가슴에 안겨 노래치며
저 언덕 너머 꽃밭엔 다신 아니 가겠노라
다짐하고 다짐하며 밤을 새웠지
이게 너와 나의 숙명이었네

*

꽃 정원 굽잇길에 다예한 꽃들
해도 져 오늘을 묻어야 하거늘
아직도 날빛 못 잊어 흐놀고 있구나
벌이 날갯짓하며 내 영혼을 깨운다
꽃길 거닐며 별 밤을 잊으라고

가을의 노래

가을이 내 가슴에 여울치며
한참을 머물다
갈대숲 사이로 흐르는
개울 건너, 산 넘어 그 너머로
오래전에 떠나간 그대 귓전에
애수에 젖은 내 맘을 쏟아낸다

낙엽 길 걸으며 함께 부르던
가을의 노래
듣는 이는 없어도
갈바람 낙엽 스치며
푸른 하늘 구름 너머로
메아리치던 그 노래를…
추억은 나이테 물결 되어
이 가을을 켜켜이 새겨 놓는다

이맘때면 밀려오는
아릿한 외로움
이제 가을이 느껴오누나

가을에 내리는 비

애상에 젖은 낙엽도
며칠 후엔 무참히 밟힐 텐데
그래서 가을엔
하늘도 눈물을 흘리는가

가을비 줄기에 얹히어
잿빛 하늘이 쏟아지니
생명의 빛은 밤을 가르며
내 맘을 에인다

믿음의 역설

무를 유라고 믿으면 유신론
유를 무라고 믿으면 무신론
하지만,
신을 본 사람은 없다

출애굽기에 따르면
신은 "스스로 있는 자"[5]다
이것을 신이라고 믿으면 종교
자연이라고 믿으면 철학이다

그대는 무엇을 믿느뇨

5) 출애굽기 3장 14절에 "나는 스스로 있는 자"라는 구절이 있음.

이사

비만 오지 마라, 제발

여기서
저기로
옮겨 놓는 퍼즐 판
조각들 짜 맞추며 만든 것
낯선 그림 한 점
이젠
이웃에 인사치레
그리고도 뭐가 그리도…
환경 따라
쳇바퀴가 돌아가네

비가 오지 않았다

슬픔의 계절

바람에 강물이 거칠게 흘러간다 바람아 슬픈 그리움에 휘몰리는 저 꽃 흐느낌도 맘의 아픔도 함께 흘려보내 주렴 누가 그 맘을 알 수 있으랴 별이 아니고서야 누가 그 맘속을 볼 수 있으랴 그리움이 아니고서야 기다림엔 모든 게 담긴다지만 첫 만남의 정표도 추억의 설렘도 이젠 한갓 꿈일 뿐 저 꽃 연모의 맘으로 기다리다 이울어지며 얼마나 많은 밤을 눈물로 새웠으랴 이제 머잖아 꿈에 잠기리니 그러면 길섶 강가에 묻힐 텐데 애련한 아픔을 머금은 저 꽃, 이 계절을 잊을 수 있으려나

이러다 장발장이 될 것 같다

- 일하기 싫으면 먹지 마라
- 먹고 싶다
- 그러면 일해라
- 일자리가 없다
- 그러면 일자리가 있을 때까지 기다려라
- 마냥 기다렸다
  언제까지 기다려야 하나
- 먹고 싶지 않을 때까지 기다려라
  기다리는 자에 복이 있다
  배는 고파도 복은 터진다
  그다음에는 먹지 않아도 죽지 않는다
  영생하니까
- 그래도 나는 일하고 싶다
  먹을 게 없다
  배가 몹시 고프다
  빵 한 조각이라도 달라
  이러다 장발장이 될 것 같다

여로의 쪽배

너와의 시간은 전설이 되어간다 여로의 쪽배엔 나만 홀로 얹혀간다 이슬 맺힌 사무침도 너의 숭려(崇麗)함도 언제나 그랬듯 애초롬이 내 가슴에 감쳐온다 세상 끝까지 같이 가자던 언약만 남기고 내 손 놓으며 잠든 너 그 시간을 나는 삼켜버렸다

원의 차원

원의 각은 무한이다
무한의 시작과 끝은 존재할 수 없다
존재하지 않는 것은 시간과 공간,
그리고
그 어떤 범주와도 관계할 수 없다
그 자체가 무(無)이기 때문이다
그렇다면
신은 무여야 하는데
그건 역설이다

신은 원이다

마지막 정사

전라(全裸)의 속까지
하얀 젖살 몸내음
라일락 색향(色香)은
벌을 고혹하누나

바람 탄 꽃송이엔
색기 넘치는 교태
젖가슴 꿀 빨리며
벌과 마지막 정사

삶

- 허상과 실상

사는 걸 새벽이슬이라고도 하던 만
사실, 사는 건 아침 안개라네
온 누리 품을 듯 덮쳐오다가
어느 순간엔 올 때처럼
쥔 것 없이 사라져 잊히는 것
사는 게 이럴진대
허상으로 삶을 채운들
안개 걷히면 무상일 뿐
그런데도 저 개미들
흙에서 물어온 걸 땅굴에 숨기며
허상을 실상이라 믿으며 살아가누나

세월의 강은 말이 없다

들꽃 흐드러지던 초원엔
매서운 겨울바람 몰아치고
철 따라 계절이 바뀌며
별자리도 바뀌었으니
별무리 속 그대 얼굴
이젠 어디서 볼 수 있으랴

영정에 꽂힌 눈엔
애수의 눈물 고이고
찬 공기는 내 몸에 스미는데
이 밤 외로움을
내 어이 달랠 수 있으랴
세월의 강은 말이 없다

시

시작에 대해
어떤 이들은 수작 부린다고 하지
'그대의 눈은 나를 빨아들이는…'
이러면 작업 건다며 눈 흘기고
#MeToo 시대인 지금은
성희롱에 곤욕을 치를 수도

시란
논리를 뛰어넘는 수사의 은유
그래서 어떤 이들은 시작은
횡설수설 넋두리란다
맞는 말이지
반어법과 회한의 넋을 섞어가며
주절주절 엮어놓은 암호이니

읽고 있는 시에 '나'를 대입하여
시를 자기화한다면
그 지경에선 수작이 삶의 예술을
넋두리가 비련의 가락은 토해내며
나 자신을 시로 만들어가지

시시비비 불문하고

시와 논리는 언어의 유희
불이부동의 언어 예술이 아닌가

망각은 외로움에 잠든다

그대 이름만 불러도
눈물은 샘이 되어 흐르고
밀려오는 그대 미소는
밤마다 그리움에 적셔진다

시간이 많이 흘렀어도
어제는 오늘에 머물고
그 이름 잊으려 해도
망각은 외로움에 잠든다

묘비명

이곳에 왔던 것도
저곳에 가는 것도
나에게 내린 축복
저기서 누릴 삶은
영원한 생명 안식
몸뚱이 벗어 놓고
가노라 고향 찾아

멈춰진 시간 속에서

우리는 한때
문명의 찌꺼기도
기계의 금속성도
새로운 문화라며 예찬했던 적이 있었지
질곡의 마수가 한순간에
인류를 멸종시킬 수도 있을 텐데도
하지만, 종말이 가까워진다고
슬픈 노래를 부르지는 말지니
아직 살아가는 순간순간에
사랑할 수 있는 짬이 있고
꿈을 이루려는 희망이 꽃피니
코로나 창궐하는 공포에서도
새날을 찾고
생명의 존엄을 노래하자

마스크 장벽치고
고립된 단세포처럼 보내는
이 단절된 시간도
입의 구실을 깨날키누나
너와 나, 우린 살을 비비고
주어진 입으로 어제처럼
애정의 찬가를 부르자

이 숙명의 침묵을
잃어버렸던 태초의 에덴을
추억 속에 떠올리며
멈춰진 시간 속에서
거기서 내일을 열자

존재인 듯한 비존재

과거가 회상으로 현재에 다가올 수 있는 것 미래가 예상 없이 현재에 다가오고 있는 것 그 오는 것의 종말이 언제인진 알 수 없지만 확실한 건 존재가 현재에서 무화(無化)되는 찰나에 과거-현재-미래는 절대 무로 변모된다는 것 그건 존재가 존재인 듯한 비존재이기 때문에

5부

못 부친 편지

아직, 아침은 오지 않았다

오는 듯 멈춘 듯 비가 내린다
흐르는 건 검은 눈물이었다
산자락마저 짙은 연무에 묻혔다

이제라도 산을 보던 눈으로
나 자신을 들여다보란다
내 죄 씻어내며 흘리는 눈물

성결한 맘으로 세상을 보란다
아직, 아침은 오지지 않았다
어둠이 걷힐 때까지 비가 내렸다

고갯마루

저 고개 넘어 어딘지
가본 적은 없어도
내가 넘어가야 할 곳
거기로 나는 오늘도 가고 있다
밤낮을 쉬지 않고 가고 가도
손에 잡힐 듯한 고갯마루엔
구름만 머물다 흩어진다
언제쯤 그 고개를 넘을지
아무도 모른다니
내 걸음이 게을렀나,
그곳이 신기루였나
거기로 나는 오늘도 가고 있다

자유와 정의

자유를 위해 돌을 던질 용기가 없다면
자유의 투사로 행세하지 말라
그 돌은 네 가슴에 던져질 것이다

네가 참으로 자유의 투사로 행세하려면
먼저 너 자신에게 돌을 던져라
그때 비로소 너는 네 존재를 알 수 있으리라

정의를 외치며 가진 것을 나눠주지 않으려면
정의의 사도로 행세하지 말라
네 소유가 너의 위선을 외칠 것이다

네가 진실로 정의의 사도로 행세하려면
먼저 너 자신의 소유에서 해방되어라
그때 비로소 너는 정의를 외칠 수 있으리라

각종 언론 매체나 종편 TV에서 토론자로,
무슨 콘서트라는 미명의 모임에서 연사로
자유와 정의를 외치기 전에 먼저 네 양심에 외쳐라

해바라기를 닮은 태양성 좀비들아
출연료에 양심을 팔며 자신을 속이지 말라

침묵하는 다수의 백성을 속일 수는 없을 것이다

힘도 가진 것도 없고 몸뿐인 백성에게서 배워라
비록 저들의 삶은 초라해 보이지만
그 자체가 자유와 정의의 화신이 아닐까

아름다운 이별

언제까지 사랑할 수 있을까
나이가 쌓여가며 몸이 여위어져
기력이 점점 떨어져 가니
정겨운 사람들과 언제까지
나와 너의 관계를 이어가며
추억을 되새기며 웃고
건강을 챙겨주며 맘 쓰고
기쁨도 슬픔도 함께 나누며
사랑할 수 있을까
이런저런 생각에 잠을 설친다

언제까지 살아갈 수 있을까
100세 시대를 노래하며
장수에 설레는 시대라지만
보고 듣고 말할 수 있을 때까지
스스로 가고 싶은 곳에 가고
가족과 함께 식사할 수 있으면
그때까지가 100세 장수를
딩거놓은 축복의 시간일 텐데
육신의 시간이 아무리 긴 듯
사랑의 시간을 넘어설 수 있으랴

살아있음 자체는 유한하여
언젠간 마침표가 찍히게 되는데
사람들과 맺어진 연(緣)
서로를 그리는 마음이 채워지면
그 관계는 동구란 무한 공간
아름답게 도드라진 온점이 되어
후회 없는 시간으로 이어져 가는데
삶의 마지막을 찍는 그 순간까지
온점을 메워가다 끝맺음하면
그것이 아름다운 이별 아닌가

감성

그리움을 강물에 띄워 보내니
어둠 속 어디선가 외로움이 밀려온다

적막은 밤이슬에 젖어 들고
바람의 흐느낌은 괴괴한 내 맘에 스며인다

그리움을 떨쳐도 외로움이 밀려오고
외로움을 밀어내도 밤은 베개만 적신다

나의 오늘

꽃은
추억만 남기고
나를 떠나며
나의 오늘을
어제로 이어놓는다

여명은
찬란한 빛을
시원에서 담아오며
나의 오늘을
내일로 끌고 간다

나

여보게,
왜 오늘이 있는가
- 글쎄요…
그건 내가 있기 때문일세
내가 없다면 오늘도 없을 터
나 없는 시간은 무(無)일세

여보게,
왜 내가 있는가
- 오늘이 있으므로
아닐세
그건 어제가 있었기 때문일세
어제가 없었다면 오늘도 없을 터

오늘은
쉼 없이 어제로 흘러가며
내일을 맞지만 내겐,
나를 연출하고 있는 연극 무대일 뿐
지금 이곳이 바로 나로 인해 펼쳐지는
'나ego'의 하나뿐인 세계일세

너

낮에 볼 땐 하얀 수선화였는데
밤에 보니 박꽃이었네
그런데
너는 내게 나직이 말했지
"나는 아네모네예요!"
공해 때문인가
노안 때문인가
이젠
내 눈도 내 눈이 아니요
내 맘도 내 맘이 아니니
참이라 할 게 무엇이랴

삶, 그 흐름 속에서

울면서 태어나
울음을 멈추고
살아가는 데
살다 보면
채워지는 게 나이이고
나이 들면
빠져나가는 게 기력이며
기력이 빠져나가면
찾아오는 게 병이니
이렇게 살다 보면
가는 길도 짧아진다

시간 이후의 시간

떨쳐내도 와 붙는 건 늙음이고
잡힐 듯 안 잡히는 건 젊음이다
인생길, 멀고 외로운 험로
오가는 세월의 여정,
늙어감도 젊음의 흐름이고
젊음도 늙어감의 흐름이다
젊어선 아름다운 늙어 감을
늙어선 여한 없는 내일을
순간의 흐름에 띄우며
생명의 가쁜 숨은
시간 이후의 시간에 섞인다

인간

문명의 때를 벗기면 자연이고
문화의 옷을 벗으면 야수인데
문명과 문화로 위장한 야누스
그게 인간의 낯가죽 아닐는지

독선가

음 그래 저 인간 편집증 환자 트레바리 인간 자아도취 정신병자 기준은 굴절된 판단력 만물박사로 착각하며 옳은 것도 때론 뒤집고 다시 생각하는 적은 없고 는다는 건 괴변과 억설의 혀 자기 말을 불변의 진리로 맹신 그러니 입에선 구더기만 들끓는다

별종 인간

콧잔등에 돋보기 얹힌 독사 눈 가진 놈
홍루에서 즐기던 병정놀이취흥도 일장춘몽
유일하게 적색 아닌 건, 며칠 후
국적(國賊)되어 야반도주해 잠적할 밀림

서민 쌈짓돈마저 수탈해 돈깨나 거머쥔 놈
신비의 명약도 안 듣는 탈세 바이러스 중독증
악마의 처방전 : '관이나 준비하라!'
금고 속 달러와 금괴 두고 어이 갈꼬

날뜨기까지 갈아타며 농탕질 일삼던 놈
허구한 날 주색 육림에 빠져 날 새다
활빈당 몽둥이에 뼈 으스러져 눈감으며
춘화 젖이라도 한 통 빨게 해주소!

미친놈, 삼종 세트!

뱀

잊어야 할 사람이 있는데
살다 보면
그런 얼굴이 살아서
눈을 부라리며 다가온다
정말…
감았던 눈을 뜨니
벌레 먹은 호박꽃에 숨어
뱀이 혀를 날름인다
다시 눈을 감았다

시의 미학

시란 무엇인가

신화 전설 민담 설화
사상 사건 역사 전승
서사시의 미학적 원소

자연 풍류 애정 희망
이별 애수 고독 죽음
서정시의 미학적 원소

자율 탈형 가락 상징
성찰 현상 비약 의지
산문시의 미학적 원소

원소 간의 상호관계
교집합의 구조 유형
합집합의 감성 표현

시란 미학적 기호론

그렇다면

시인이란

지성을 신화화하고
정서를 추상화하며
의지를 관념화한다

시인은 언어의 화가

못 부친 편지

오늘은
그대 생각이 많이 나네요
새벽녘 어스름에
그대를 불러보아도
손을 내밀어보아도
그대는 안 잡히더이다

살이 살과 섞이던 날
오래전 바로 그날
나는
시간을 거슬러 떠올리고
생각을 더듬어 만나면서
그대 그리움을 눈물에 섞었어요

내가 그 상석 가의 꽃이기를
동화 같은 꿈을 꾸며
그대와 내가 하나 된
721028 그 시간 속에서
늘 그래왔듯이
그대가 내 가슴에 안겼나이다

오늘은 그대가 많이 생각나네요

그리움 속 그대
금혼식 상이라도…
무엇이 그리도 급해서…
내 가슴을 채우고 있는 그대 생각
내일은 편지로 띄우겠나이다

존재의 조건

- 실체와 상징

존재는 비존재도 포함한다
없음이 있기에 있음이 있다
존재하기 위한 존재의 조건은
실체와 상징이다

실체는 상징의 형상이며
상징에 채워진 내용이다
상징은 실체의 질료며
실체를 표현한 형식이다

실체는 상징의 본질이므로
존재의 범주에 갇혀있지만
상징은 실체의 현상이므로
존재의 범주에서 벗어난다

실체는 상징을 개념화하여
의식 속에 가두어 놓는다
상징은 실체를 표상화하여
인식의 차원으로 표출한다

이 과정에서 문화와 문명이 탄생하고
지성의 산물이 학문으로 태어난다

철학은 이 관계를 규명하는 도구이고
시는 이 관계를 읊조리는 노래다

가을이 다시 올 때까지

적막한 오후 먹구름 품은 하늘은 눈물을 흘리며 떠나지 않는구나! 며칠 후 비참히 밟혀 흙으로 돌아갈 단풍 곱게 씻어 낙엽으로 보내려는구나 가을비, 그래서 눈물이련가

생명의 빛이 어둠에 잠기면 낙엽은 내 곁을 떠나리니 나는 내 일기에 그날을 곱게 담아 책장에 꽂아놓고 시리고 긴 겨울밤마다 봄 여름 밤잠 설칠 때도 가을이 다시 올 때까지 그날을 펼치리라

<작품해설>

한승홍 시의 문학성

-자연의 시간화에 대한 미학

김순진(문학평론가 · 시인)

<작품해설>

한승홍 시의 문학성

- 자연의 시간화에 대한 미학

김순진 (문학평론가 · 시인)

1.

우리는 왜 시를 쓰는가? 시는 우리에게 무엇을 가져다주는가? 이 문제에서부터 우리는 역설과 부조리에 빠지게 된다. 왜냐하면, 우리 스스로 그 질문을 던진다는 것은 우리가 시를 창작하기 위해 무언가를 바라고 있다는 역설로밖에 들리지 않는다. 하지만 냉철히 생각해보면 시인의 창작 행위는 주어지거나 부여된 이데올로기를 생산하기 위한 몸부림도 아니고 특정 집단을 위한 광대놀이도 아니다. 시인의 창작 행위는 시상(詩想)을 그대로 표출하는 행위이므로 극히 자연스럽고 순수한 정서의 결정체이다.

좀 더 포괄적으로 묘사해보면 시의 목적은 무목적이 목적이다. 인간은 시 창작 행위를 통하여 그저 숨을 쉬듯 감성을 즐기며 살고 있을 뿐, 그 어떤 목적도 추구하지 않는다. 시인은 자연에서 자신의 삶을 찾기도 하고 그 스스로 자연의 한 부분이 되기도 하는데, 이 과정에서 본인의 자연관이 시라는 결정체로 탄생한다. 그래서 시의 미학에서 자연관, 자연주의는 시의 바탕을 이루는 요소로 인식되기도 한다.

한승홍 시인의 시에 있어 자연관은 장자의 자연관이다. 일찍이 『장자』는 인간이 자연을 함부로 훼손할 권리는 없다고 가르쳤다. 그는 "사람은 땅의 법칙을 따르고, 땅은 하늘의 법칙을 따르고, 하늘은 도의 법칙을 따르고, 도는 자연의 법칙을 따른다(人法地, 地法天, 天法道, 道法自然)"라고 했다. 이는 인간이 추구하는 도, 즉 진리는 자연에서 나온다는 말로 풀이될 수도 있다.

반면에 동양에서 전통적 고전이라 일컫고 있는 『공자』와 『맹자』는 인간이 살기 위하여 자연을 훼손하거나 동식물을 죽이는 것은 매우 자연스러운 현상이라고 가르쳤다. 『공자』의 「술이」에 보면 "공자께서는 낚시질은 하시면서도 그물질을 하지 않으셨고, 주살로 나는 새는 쏘셔도 앉아있는 새는 쏘지 않으셨다(子 釣而不綱 弋不射宿)"[6]라고 했다. 이는 물고기를 잡아 주안상의 안주나 음식으로 쓰는 일, 주살로 새를 쏘아 잡는 일은 당연하다는 논리로 받아들여질 수 있다. 『맹자』의 「왕혜왕 장구 상」편에 보면 "촉고(數罟)[7]를 웅덩이와 못에 넣지 않으면 불고기와 자라를 먹을 수 없을 것이며, 도끼를 제때 산림에 넣지 않으면 재목을 쓸 수 없을 것이며(數罟 不入洿池 魚鼈 不可勝食也, 斧斤 以時入山林 材木 不可勝用也"[8]라고 말하고 있다.

6) 김석원, 『논어』 혜원출판사, 1999, 157쪽 22~25줄.
7) 촉고(數罟) : 고기 잡는 그물.
8) 지선균, 『맹자』, 혜원출판사, 1997, 22쪽 15~17줄.

이를 풀이하면, 사람이 먹기 위해 마음대로 그물을 쳐 놓고 자라나 물고기를 잡아도 되고, 집을 지을 재목을 얻기 위해 어떤 나무든 함부로 베어도 된다는 논리로 이해된다. 말하자면 공자와 맹자의 자연관은 자연의 주체가 사람이었다.

2.

한승홍 시인의 자연관은 어디에서 출발하며 인간은 자연과 어떻게 어울리며 살아가고 있는가.

아침 햇빛엔 눈이 부신다
해는 오르며 하루를 달린다
햇빛이 쏟아지는 곳마다
무언가 새로움이 다가온다
새로움에 대한 호기심은
설렘과 두려움을 이어가며
푸른 희망을 잉태한다
미래를 여는 진통을 겪으며

해가 중천을 지날 즈음엔
보이는 모든 게 그저 그렇고
시간의 흐름에 얽혀가며
희망도 욕망도 꼬릴 감춘다
한낮의 햇살은 내 몸을 달궈도
꺼져버린 이상의 불씨는 못 지펴
나는 짜이는 과정에 노예가 되어
바쁘게 달리다 석양을 맞는다

빛과 열기를 온종일 뿜어내며
쉼 없이 달려온 해도, 이젠
피안의 세계로 뉘엿이 넘어가며
내 몸에 마지막 빛을 쏟아붓는다
석양은 서녘을 곱게 물들이며
석별의 정을 노을로 표현한다
어둠이 오기 전 살며시 떠나는 너
오늘 밤은 등불로 어둠을 밝히련다

– 「빛 – 현상의 유희」 전문

한승홍 시인은 몇 년 전에 출간된 두 권의 시집에서 탈형식주의와 나체주의의 구상으로 시를 창작하고 있음을 고백했다. 탈형식주의는 시라는 정형화된 형식을 탈피하여 시문학의 미학을 추구하려는 것이고, 그가 역설하는 나체주의는 자연에 대한 순순한 아름다움과 예술성을 자신의 내면에서부터 진솔하게 표출하여 미와 추의 양면성을 그대로 펼치겠다는 담론이었다. 그의 시상에 잠재된 역설의 논리를 스스로 밝힌 것이다.

위에 인용한 시의 주제는 빛과 어둠의 역설을 극화한 시의 예술성에 있다. 빛이란 늘 어둠을 껴안고 있다. 그가 읊은 대로 '현상의 유희'다. 빛이 태양으로부터 쏟아져 내려올 때, 밝음만 쏟아져 내려오는 것은 아니다. 빛과 함께 찬란한 내일이 쏟아져 내려온다. 내일에 대한 기대는 희망을 잉태한다. 그러니까 밝은 빛을 주는 태양은 생명의 경외감과 신비감을 안겨주며 자연을 있게 한다.

2연의 후반부에서 그는 "한낮의 햇살은 내 몸을 달궈도 / 꺼져버린 이상의 불씨는 못 지펴 / 나는 짜이는 과정에 노예가 되어 / 바쁘게 달리다 석양을 맞는다"라고 노래한다. 아무리 햇살이 따사로워도 내 이상의 불씨를 다시 지펴주지는 않는다는 역설적 표현이다. 그는 그 스스로 자연의 과정에 묻혀가고 있는, 자연의 한 부분이라고 믿으며 석양을 맞고 있음을 암시한다. 해가 서산마루에 걸쳐지기 시작하면 "석양은 서녘을 곱게 물들이며 / 석별의 정을 노을로 표현한다". 해가 져 어둠이 덮쳐오면 등불로 그 밝음을 이어가는 시상! 이 시인만이 가질 수 있는 관조의 눈이다.

한승홍 시인의 시는 관계에서부터 시작한다. 그는 빛과 어둠, 나와 너, 만남과 헤어짐, 시간과 영원, 길과 인생, 열쇠와 자물쇠, 보존과 오염 등등 다양한 관계에서 시상을 찾아낸다. 그는 이 관계를 내면 통찰의 방법으로 규명하곤 한다. 그의 시가 철학적인 아포리즘(aphorism)의 형식에 치우치곤 하는 것은 바로 이런 이유 때문이다. 내면 통찰은 자연현상을 직관하는 방법이다. 그가 자연관에 대한 외경으로 시의 문학성을 넓게 보는 것은 세계관과 자연관에 대한 낙관주의 때문이다. 어둠이 덮쳐도 등불을 찾는…….

3.

시를 읽으며 시상(詩想)에 함몰되는 순간 독자는 자신을 시화(詩化)하고 있는 시인이 된다. 시의 자기화란 시의 길을 산책하며 스스로 삶을 만들어가는 개척자의 행태와 같은 것이다. 「길」이란 시는 이 과정에 대한 한승홍 시인의 자서전이다.

> 한 걸음씩 뗄 때마다 넝쿨에 걸리고 늪에 빠지면서도 가다 보니 울창한 숲과 넝쿨로 덮였던 처녀림에 길이 트이고 뒷사람 이어와 발길 남기니 에움길도 되고 오솔길도 되었다 나, 이 먼 곳까지 왔지만 이젠 온 길도 찾을 수 없어 다시 돌아갈 수 없게 되었다
>
> 맞닥뜨린 새 땅은 황야 모래밭, 푸른 초원을 기대하진 않았지만, 흙먼지 일으키며 몰아치는 돌바람이 을씨년스럽다 잰걸음 옮기며 벗어나 맞은 건 바위산이구나 절벽 개울 건너 가시밭 헤쳐가노라니 뱀에 물리고 곤충에 쏘인 몸, 가시에 찔린 상처엔 피고름이 맺혀간다
>
> 누군가도 숲을 치며 이리로 오고 있는데, 이 우연이 운명이었나 숙명이었나 길을 잃지 말자며 서로 손을 꼭 잡고 세월의 강을 함께 건너다 길동무 되어 숲과 초원 계곡과 산등성을 넘으며 밤마다 별을 세다 잠들곤 했다
>
> 어느새 새끼 셋이나 생겨 이끌며 밀림을 헤쳐가다 보니 가끔은 힘에 부치고 피곤하여 한 발짝 내딛곤 쉬다 가곤 했는데 이젠 자연도 이 몸보다 작아 보인다 갈 길은 멀고 눈앞엔 길이 없어 하루씩 이어가며 날을 맞다 보니 길동무는 기력이 쇠하여 눈감고 깨나지 못해 땅에 묻고 그 위에 동서남북으로 돌 네 개 얹어놓고 어미 잃은 새끼들과 발걸음을 떼는데 이젠 내 몸도 어제 몸이 아니다 얼마나 더 가야 할지, 오늘도 쉬엄쉬엄 길을 내며 새날 맞을

준빌 하는데, 이게 내 삶에 주어진 운명이었나 이젠 지친 몸, 독수리 등에라도 타고 가고 싶구나

- 「길」 전문

표면적으로 길이란 땅 위에 나타나 있는 인간의 발자국이나 수레바퀴의 자국으로 다져져 이어진 곳을 말한다. 그것이 길의 어원이다. 그런데 그 길은 교통수단으로써의 길일뿐, 인생의 여정과 문제를 해결할 수 있는 근본적인 대책이 될 수는 없다. 한승홍 시인이 이 시에서 찾고 있는 길은 나를 찾는 방도로서의 길이지 결코 교통수단만을 의미하는 것은 아니다. 그 길은 과정을 나타내는 것이지 방법을 나타내는 것은 아니다.

한승홍 시인은 「길」이란 시에서 다양한 각도로 길을 조명하고, 그 길에서 헤매거나 나아가면서, 긴 어둠을 뚫고 밝음을 찾아가고 있다. 지금까지 78년을 살아오면서 얼마나 많은 길로 다녔고, 헤쳐 나갔으랴. 그가 10대 후반부터 60여 년을 찾아 헤매다 발견한 길은 시계(詩界)의 지평에 펼쳐진 자연, 수많은 만남, 사랑, 생명의 경이, 초장 위에 드리워진 무지개가 아니었을까. 팔순을 바라보는 그가 되뇌는 속말은 '나의 길은 시었다'라는 독백이 아니었으랴. 그래서 '마지막 불꽃을 시로 살리보려 하시는 것이 아닐까?' 살짝 어린 생각을 해본다. 「길」, 그 길은 그의 삶의 여정을 그린 역경이었다.

4.

삶의 현상은 숙명적 만남, 문화·예술적 에로티시즘의 창조적 과정에서도 꽃을 피운다. 그의 시 한 자락에서 발견되는 생명의 경이로움, 성애(性愛)의 비경(祕境)이 이처럼 감칠 수야.

밖에선 안이 궁금하다
안에선 구름 뚫고 쏟아지는
햇살이 그립다
안을 구경하려고 들어가니
빗장이 내려있다
걷어 올리고 들어가니
그 안 넘어 그 너머에는
뜨거운 온천수가 넘쳐흐르는
비경이 펼쳐진다
열고 열리고,
빛과 어둠의 조화 속에서
서로는 천생연분
너와 나로 한 몸이 되니
이렇게 세상은 조화 속에서
하나 되어가고 있다
하늘과 땅이 그렇고
땅과 바다가
산과 강이 그렇게
생명을 틔우며
만물이 되고
물상으로 존재한다
열쇠와 자물쇠, 그 안에서

나도 태어났으니
이건 창조다

– 「열쇠와 자물쇠」 전문

이 시는 이 시집의 표제가 된 시다. 대단한 관찰이다. 시인은 오지 탐험가이자 자연 과학자이다. 나무의 마음을 들여다보아야 하고, 돌 안에 흐르는 정신세계를 알아내야 한다. 물이 왜 아래로 흐르는지에 대하여 단순히 땅의 경사 때문이 아님을 증명해야 한다. 나무가 물을 끌어 올려 꽃을 피우는 능력을 단순히 관다발이 하는 일이라 치부해서는 안 된다. 뿌리가 그 어두운 땅속을 헤집고 들어가 조심조심 더듬으며, 맑고 새콤달콤한 즙을 끌어올려 사과를 채워감을 독자에게 확인시켜주어야 한다. 게다가 왜 한 입 베어 물면 사각사각 소리가 나는지, 그 소리의 청량감을 파도 소리나 새소리를 빗대어 증명해내야 한다. 그 때문에 시인은 남과 다른 잣대를 가지고 다닌다.

열쇠와 자물쇠 중 무엇이 중요한가를 묻는 것은 어리석은 일이다. 이 시인은 애초부터 열쇠와 자물쇠의 존재에 관심이 없다. 그가 궁금한 것은 열쇠와 자물쇠를 통하여 구멍 너머에서 펼쳐지는 애천(愛泉)의 뜨거운 장조 행위가 어떻게 작용하는가 하는 데 관심이 있을 뿐이다. 열쇠는 안이 궁금하고, 자물쇠는 밖이 궁금하다. 지금까지 아무도 열쇠가 되어 직접 자물쇠 안으로 들어가 보려는 사람이 없었다. 단지 열쇠를 가지고 열리지 않는 수수께끼나 문제점을 해결하려고 했다. 그것은 지극히 경망한 행위에 불과했다. 열쇠를 가지고 잠긴 문을 열기란 누구나 할 수 있는 일이다. 한승홍 시인은 열쇠를 내던지고 몸소 자물쇠 안으로 들어갔을 때, 빗장을 걷어 올리고 들어갔을 때 "그 안 넘어 그 너머에는 / 뜨거운 온천수가 넘쳐흐르는 / 비경이 펼쳐진다"라는 표현으로 창조 과정을 말해주고 있다. 단순히 강압적으로 점령하여 대상을 열려고 하는 것이 아니라 서로에게 "열고 열리고" 해야만 " 빛과 어둠의 조화 속에서 / 서로는 천생연분"이 될 수 있음을 말하려는 것이다.

5.

살며 남기는 것은 두 가지
하나는 사랑이고
다른 하나는 쓰레기
사랑은 삶을 오늘의 자아로 만들어가며
그래서 생명의 약동으로 작용하고
쓰레기는 피투(被投)된 오물로 환경을 더럽힌다
하지만, 쓰레기 중의 쓰레기가 무서운데
그것은 병든 의식의 찌꺼기로서
세상을 마비시키기도 한다
이 쓰레기는 내 몸뚱이뿐만 아니라
내 이웃들
더 나아가 우리의 삶을 오염시키고
의식을 갉아먹는 바이러스로 진화하여
너와 나, 우리를 차례로 고사시켜가며

세상을 종말로 이끌어간다
이 쓰레기는 방사능 찌꺼기보다 더 무서운 데
아직도 그것이 얼마나 무서운지
얼마나 위험한지 알지 못하고
매일 댑바람에 이리저리 몰려가는 쓰레기
나와는 상관없다는 듯 방관하는 사람들
조종이 울릴 땐 관을 준비할 시간도 없으리라
언제 그 종이 울리려나
그 시간이 도둑처럼 밤에 올 수도
이젠, 중공도 폐기한 쓰레기 찌꺼기들,
국가를 초토화한 남미 쓰레기마저 쓸려오니
이를 어찌할꼬!

– 「의식의 오염」 전문

한승홍 시인이 이 시에서 말한 바와 같이 인간이 남기는 것은 두 가지다. 그 하나는 사랑이고, 또 다른 하나는 쓰레기인데, 전자, 즉 사랑에는 문제가 없다. 다만 쓰레기가 문제일 뿐이다.

공산주의 이론이 처음 지구상에 뿌리내릴 때만 하더라도 공산주의는 민주주의와 함께 양대 산맥의 논리였다. 함께 생산해서 함께 나누어 먹는다는 논리는 소작농이나 노예들, 노동자들을 흥분시킬 수 있는 혁명적 발상이었다. 그러나 1세기가 채 안 된 이 시점에 공산주의 체제를 유지하는 나라는 거의 없다. 러시아, 중국, 북한, 쿠바 정도만 사회주의라는 이론으로 재무장하여 단지 통제수단으로만 쓰고 있을 뿐이다. 공산주의 이념은 시장경제 논리에 무너진 지 오래되었다.

독재자의 오염된 의식은 엄청난 고통을 국민에 안겨준다. 크메르루주의 폴 포트 정권이 저질은 킬링필드 대학살과 루마니아의 차우셰스쿠가 저지른 대학살은 의식이 오염된 독재자가 얼마나 반인륜적 만행을 저지를 수 있는지 여실히 증명하고 있다.

6.

한승홍 시인의 가슴에 스며오는 수선화 색향(色香)은 늘 새롭게 소생한다. 그의 시 「한 송이 하얀 수선화」 전문을 옮겨보자.

언제나 잊고 싶지 않은 사람
눈동자도 입술도 가슴도 마음의 향기도…
눈을 감았을 땐 빛의 찬란함으로
눈을 떴을 땐 하얀 수선화 한 송이로
사진 속 그녀는 미소만 짓고 있다
나는 그림자가 되어 그 뒤를 따른다

아주 오래전, 내가 그녀 귀에 속삭이다
입술을 살짝 훔쳤을 때
그녀의 눈에서 흐르던 촉촉한 눈빛,
그 영롱한 눈물을 내 어찌 잊으랴
호수처럼 맑은 눈에 빨려들던
그 순간부터 그녀는 내 삶이었다

아름다운 시간은 빨리 지나가

알 수 없는 한 점에 묻혀버렸고
지금은 그녀마저 곁에 없는데
어찌 그 시간이 다시 오리오
하나, 나는 아직 그날에 머물며
그녀의 그윽한 눈에 잠겨 들고 있다

– 「한 송이 하얀 수선화」 전문

이 시는 아내를 바라보는 시인의 마음이다. 한 송이 수선화를 죽은 아내로 의인화하여 그녀의 그윽한 눈에 잠겨 들고 있다는 시상은 생명의 외경을 아름다운 감성으로 미화한 자연주의적 사고다. 그녀가 수선화로 다시 태어남으로써 그녀 주변에는 호수도 생기고 만물들이 다시 생장을 시작한다.

『장자』 라는 책을 처음 열면 곤이라는 물고기가 가장 먼저 나온다. "북녘 바다에 곤(鯤)이라는 물고기가 살고 있는데, 그 크기가 몇천 리가 되는지 알 수 없다. 이 물고기가 변해서 붕(鵬)이라는 새가 된다. 그 등 넓이는 몇 천 리가 되는지 알 수 없고, 힘차게 날아오르면 날개는 하늘을 덮는 검은 구름과도 같다. 이 새는 바다에서 큰바람이 이는 계절이 오면 천지(天池)라는 남쪽 바다로 날아가려 한다."[9]라고 쓰여 있다. 그런데 오래지 않아 나는 몇 천 리나 된다는 '곤'이라는, 늘 살아 움직이고 있는 생명체는 강줄기를 형상화한 것임을 알게 되었다. 또 한 곤이라는 물고기가 변해서 붕이라

9) 이민수 역해, 『장자』, 제1장, 혜원출판사, 1997.

는 새가 되었다는데 그 크기가 얼마나 큰지 한번 날아 오르면 하늘을 온통 덮는 검은 구름과 같고, 바람의 계절이 되면 남쪽 바다, 천지(天地)라는 곳으로 날아가는 큰바람과 같다고 했다. 이 새를 구름으로, 계절풍으로 형상화한 것이다.

7.

상상력을 형상화한 시를 한 수 더 읽어보자.

사람 '人' 자를 칠판에 써놓고
'사람 둘이 머리를 맞대고 의지하고 있는 것'
이 말을 시작으로 인간론 대중 강연이 열렸다
강사의 입에선 침이 툭툭 튀었고
입술 가로는 허연 거품이 끼었다
나는 두 사람의 관계라면 사회 '인'이라고 해야지
아니면 사랑 '인'이라고 하든가
그런데 남자 둘만 있다면 싸움박질하기에 십상이니
머리를 맞붙이고 있다면
그 관계로 보아 떨어질 수 없는 사이
그렇다면 '인' 자는 부부 '인' 혹은…
아직 머리를 맞대고 잘 정도가 아니면
남녀 '인'이라고 하는 게 옳지 않겠냐는 생각
'子'자 성현의 가르침을 떠올리니
남녀 '인'은 좀 야하기도 하고,
그렇다면… 아니면… 어쨌든…

박수 소리에 내 공상은 꼬리를 잘렸다
"오늘 강연 어땠어요?"

"좋았습니다."
입에 침이라도 바르고 말하지
들은 게 '인' 자 쓰면서 풀이 시작한 1분
공상에 빠져 자리만 채웠는데
차가 기다린다며 서둘러 강연장을 빠져나왔다

-「꼬리 잘린 공상」 전문

어느 강연장에서 강연을 듣고 쓰신 작품이다. 한승홍 시인이 말했듯이 사람 人 자는 서로 머리를 맞대고 있는 형상이라고 한다. 그는 강사가 사람 人 자에 대하여 설명할 때 공상에 빠진다. "두 사람의 관계라면 사회 '인'"이라고 하든지 "아니면 사랑 '인'이라고 하든지" "머리를 맞붙이고 있다면 / 그 관계로 보아 떨어질 수 없는 사이"이니 "그렇다면 '인' 자는 부부 '인'"이라고 하거나 "혹은… / 아직 머리를 맞대고 잘 정도가 아니면 / 남녀 '인'이라고 하는 게 옳지 않겠냐는 생각"에 빠지게 된 것이다. 人 자를 '사회 人, 사랑 人, 부부 人, 남녀 人'이라고 해도 무방할 것 같다.

8.

그 겨울밤 우리는 눈길을 걸었다
그런데 눈보라에 시간의 침묵은 볼 수 없었다
시간이 얼마나 지났을까
봄 햇살 짙게 비낀 연(緣)의 수레엔
우리의 소꿉놀이 세간도 얹혀 있었다
청실홍실 엮어왔던 우주를 품고

낮과 밤을 나누고 이어가며
수레는 시간을 타고 재를 넘는다

시간의 자락에서 새날이 트이고
천생의 연이 연으로 이어진다
개울가 꼬불진 솔밭길엔
깊게 팬 수레바퀴 자국 두 줄
화석으로 굳어진 건 연정의 흔적이었다
여름은 폭풍우에 자취를 감췄고
서리 가을도 구름 속으로 사라진 후
겨울이 수레에 얹혀 돌아왔다

눈 내리는 겨울밤 걷던 눈길도
이젠 동화 마을 전설에서
언젠가 본 듯, 꿈인 듯 아련인다
이 겨울이 가면
나는 수레에 실려 올 꽃 소식에
가슴을 열고 기다리리라
지난여름 한서에 이울진 흰 백합화
외로운 밤 꿈길에선 만날 수 있으려나

- 「사계의 수레바퀴」 전문

한승홍 시인은 '사계'라는 큰 소재를 가지고 시를 쓰며 자신이 표현하고자 하는 목적을 달성한다. 그것은 그가 사계에 대한 계절적 묘사에 치중한 것이 아니라 사계를 회귀(回歸)의 한 현상처럼 인식하며, 흐름의 순환 구조로 묘사하고 있다는 점이다. 그의 의식에 잠재된 시상은 다분히 니체의 "영원한 회귀'의 시간성을 연상케 한다. 좀 더 깊이 들어가 보면 황무지의 시인 엘리엇이 거닐었던 시의 평원을 거닐고 있는 것 같은 감상에 빠져든다. 이 과정을 보여주는 일환으로서의 사계, 일관된 마음의 변화에 집중하고 있는 시간과 공간의 연속성은 사계에 대한 시상의 극치라 하겠다.

나는 대학 강단에서 시창작법을 강의한다. 내가 강의할 때 가장 역점을 두는 것은 시 한 편에 너무 큰 것, 너무 많은 것을 담으려 하지 말라는 것이다. 조우(遭遇)한 대상에 대한 작은 즐거움에 만족할 때 시의 묘미를 느낄 수 있다고 역설한다.

한승홍 시인은 이 시에서 날이 가고 달이 가고 계절이 바뀌어도 '내 마음은 오직 그대와 함께 한다'라는 순애의 연정을 은연중에 그려주고 있다. 이 시가 비발디의 <사계> 협주곡처럼 계절의 자연현상을 연이어 묘사한 것이 아님은 시의 깊이에서 해석해 낼 수 있다. '사계의 수레바퀴'는 여름 한서를 기점으로 이울진 백합화, 떠나간 아내를 그리며 "외로운 밤 꿈길에선 만날 수 있으려나"라는 간절한 기대감을 시간화한 것이다. 이 시인이 추구하는 시적 영역은 매우 심오하며 담아내려는 의미는 매우 함축적이다.

9.

이 시집은 크게 다섯 부분으로 구성하고 있다. 1부 「돌아올 수 없는 강」에서는 자아에 관한 통찰에 초점을 맞추어 놓았다. 정년 퇴임 교수로서의 자아, 아내를 먼저 떠나보낸 남편으로서의 자아, 늙어가는 한 자연인으로서의 자아, 그리고 시인으로서의 자아를 때로는 추상화로 때로는 상징주의나 낭만주의 시상으로 캔버스에 아름답게 그려놓고 있다. 2부 「석별의 호수에 빛이 잠기고」란 제목에 모아놓은 시들은 사람과 사람의 관계, 사물과 사람의 관계, 자연과 나의 관계, 학문과 나의 관계 등등 인간 본연의 행태를 밤을 지새우며 때로는 깊은 숲속을 헤매며 생생히 그려놓았다. 3부 「한 송이 하얀 수선화」에서는 회자정리(會者定離)의 천리를 시의 장르로 설정해놓았다. 사랑했던 사람과 이별은 자기 상실의 허무함, 무의미 속으로 빠져들어 가는 듯한 비애를 경험하게 된다. 그래서 이팝나무도 포도넝쿨도 수선화도 샛별도 들꽃도 하물며 하나님과 만남도 이별처럼 느껴진다. 그래서 그의 시에서는 애수의 여운이 자주 반복된다. 4부 「벌이 날갯짓하며 내 영혼을 깨운다」에서는 재생과 부활에 관한 통찰, 연모와 모정에 젖어 드는 추억 등이 자주 눈에 띈다. 이 시에서 나는 한승홍 시인의 폭넓은 미의 향연이 시의 진폭을 넓혀주고 있음을 느낄 수 있었다. '벌'은 시인 자신이다. 꽃정원 거닐며 꽃의 색향과 순수한 자연미에 도취 되었던 시인, 그리고 지금도 그의 가슴에 묻혀있는 벌과 꽃의 랑데부는 시의 상징성, 에로티시즘의 깊은 차원에 함몰되어 보지 않고서는 결코 느낄 수 없는 비경에서의 연정이고 모정이라 하겠다. 시인에게 문학적 에로티시즘에 대한 뜨거운 가슴이 없다면, 그래서 감성 자체가 얼음장처럼 차갑다면, 이런 강팍함에서는 자연을 예찬할 수 없고 사랑을 노래할 수 없으며, 풍류로 밤을 새우며 꽃 연정에 취할 수 없으니 어찌 시가 시답게 창조되랴. 이 점에서 한승홍 시인의 풍류도는 절정에 달하며, 그 처세의 몸가짐은 극히 절제된 청교도의 신앙심만큼이나 경건한데, 바로 이점이 그의 시인으로서의 자기 자리매김이라 하겠다. 한마디로 그는 한량은 아니지만, 돌부처도 아니고, 음탕한 외설을 탐닉하는 속물도 아니다. 그렇다고 금욕주의자도 아니고 속세를 절단한 목석도 아닌데, 이게 그의 정체성이다. 그는 잠자고 있는 영혼을 깨우고, 죽은 나뭇가지와 마른풀에 시로써 생명을 불어넣으며, 멈춰진 시간의 시계를 다시 움직일 수 있도록 돌려놓는다. 5부는 「못 부친 편지」란 제목이 붙여져 있는데, 만나고 싶었던 사람, 읽고 싶었던 책, 듣고 싶었던 음악, 쓰고 싶었던 글, 가고 싶었던 곳 등등 그동안 하고 싶었던 일을 가상의 공간에서 실현하고 있다. 그 중심 주제는 먼저 떠나간 아내에게 그간 써놓았던 편지를 보내려는 연정의 애절한 그리움이다. 이 시에서 그는 시의 미학 한 축을 시간과 영원의 연결점에서 그려주고 있다. 어쩌면 그것이 그의 신앙인지도 모르겠다. 이상에서 한승홍 시인의 시 몇 수를 읽으면서 그의 시 세계를 산책해보았다.

10.

사람은 누구나 유토피아를 꿈꾼다. 그러나 현실은 유토피아로 데려다주지 않는다. 아주 가까운 곳에서는 금전이 발을 붙들고, 사랑이 발을 붙들며, 건강이 발을 붙들거나 나이가 발을 붙들어 우리는 유토피아로 난 길이 어디에 있는 줄 알면서도 꿈을 접어야 할 때가 있다. 꿈을 향해 나아갈 수 없을 때 밀려오는 좌절감은 허무주의와 염세주의로 삶을 몰아가기도 한다. 한승홍 시인이 겪어야 했던 좌절감은 거의 극복할 수 없는 극단적 현실이었다. 하지만 그는 현실에 도전했고, 자기 자신과 싸워가며 꿈을 향해 전진했다. 토머스 홉스가 말한 "만인의 만인에 대한 투쟁"의 사회에서 그는 당당히 싸웠고, 공부했고, 교수로 정년을 보냈으며, 아름다운 가정을 꾸며 행복을 일굴 수 있었다. 그것은 어떤 역경이나 모진 환경도 스스로 '할 수 있다는 자신감'과 꿈을 이루려는 본인의 초인적 욕망 때문에 가능하지 않았을까 하는 생각을 해본다. 그동안 마음속에서 평생 지녀온 시인이라는 꿈을 일구고 정진하는 모습이 참으로 아름답고 존경스럽다. 제3시집 출간을 다시 한 번 축하드린다.

한숭홍 시집

열쇠와 자물쇠

초판인쇄일 2020년 11월 2일
초판발행일 2020년 11월 6일

지은이 : 한숭홍
발행인 : 김순진
편집장 : 전하라
디자인 : 김초롱
펴낸곳 : 스토리 문학
등 록 : 2004년 3월 9일 제6-706호
주 소 : 우편번호 03382 서울 은평구 통일로 633
녹번오피스텔 501호 스토리문학사
전 화 : 02-2234-1666
팩 스 : 02-2236-1666
홈페이지 : http://cafe.daum.net/yob51
이메일 : 4615562@hanmail.net

※ 책값은 뒤표지에 있습니다.
※ 저자와의 협의에 의해, 인지는 생략합니다.